Impressum
Verlag: BABADADA GmbH, Nedderfeld 112 , 22529 Hamburg
Geschäftsführer / Verlagsleitung: Harald Hof
Druck: Books on Demand GmbH, In de Tarpen 42, 22848 Norderstedt

Imprint
Publisher: BABADADA GmbH, Nedderfeld 112 , 22529 Hamburg, Germany
Managing Director / Publishing direction: Harald Hof
Print: Books on Demand GmbH, In de Tarpen 42, 22848 Norderstedt

école

اسکول

diviser
ونڈ کرنا

186/2

tableau noir
بورڈ

salle de classe
کلاس روم

cour (de récréation)
اسکول جو آنگن

professeur
استاد

papier
کاغذ

écrire
لکھن

stylo
پین

bureau
میز

règle
فٹ پٹی

livre
کتاب

élève
شاگرد

cartable

بستو

trousse

پینسل باکس

crayon

پینسل

taille-crayon

پینسل شارپنر

gomme

ربڑ

carnet à dessin

ڈرائنگ پیڈ

dessin

درائنگ

pinceau

پینٹ برش

boîte de peinture

پینٹ باکس

ciseaux

قینچي

colle

گلونر

cahier d'exercices

مشق کرنے واري کاپي

devoirs

ہوم ورک

12

chiffre

عدد

2+2

additionner

جوڑ کرنا

5-2

soustraire

کٹ کرنا

2×2

multiplier

ضرب کرنا

calculer

حساب کرنا

A

lettre

خط

ABCDEFG HIJKLMN OPQRSTU VWXYZ

alphabet

الفابيٹ

hello

mot

لفظ

texte

مضمون

lire

پڑھنا

craie

چاک

leçon

سبق

livre de classe

رجسٹر

examen

امتحان

certificat

سرٹیفیکیٹ

uniforme scolaire

اسکول یونیفارم

formation

تعلیم

lexique

انسائکلوپیڈیا

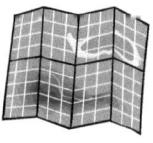

université

یونیورسٹی

microscope

خوردبینی

carte

نقشو

corbeille à papier

ردی جی ٹوکری

voyage
سفر

hôtel
هوٽل
Grand
auberge
هاسٽل
ROOMS
bureau de change
رقم تبديل ڪرائڻ جي آفيس
CHANGE
valise
سوٽ ڪيس
voiture
ڪار

langue

ٻولي

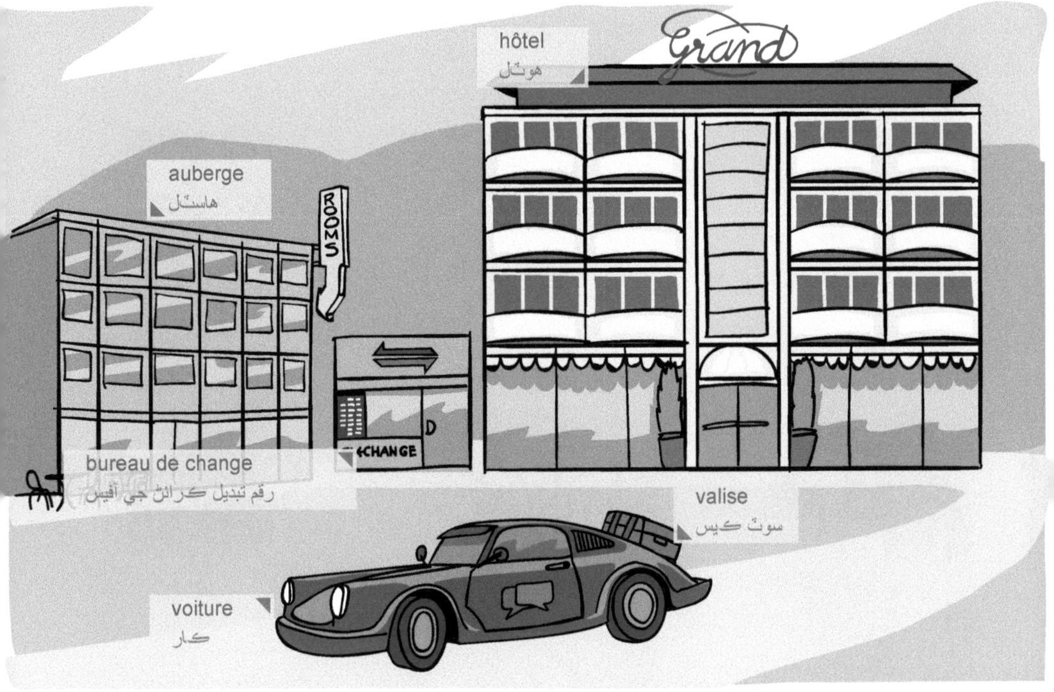

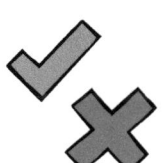

oui / non

ها يا نه

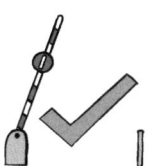

d'accord

صحيح آهي

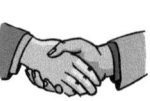

Salut

هيلو

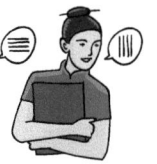

interprète

مترجم

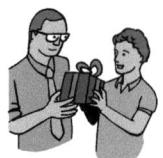

merci

مهرباني

Combien coûte...?

هن جي قيمت گهڻي آهي.....؟

Je ne comprends pas

مون كي سمجھ م نٿو اچي

problème

مسئلو

Bonsoir !

گڊ ايوننگ

Bonjour !

صبح بخير

Bonne nuit !

ٿب خير

Au revoir

الوداع

direction

طرف

bagages

سفري سامان

sac

بيگ

sac-à-dos

پويان ڀڙن وارو بيگ

hôte

مهمان

pièce

كمرو

sac de couchage

بستر وارو بيگ

tente

خيمو

office de tourisme

سياحت بابت معلومات

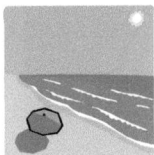

plage

سمنډ كنارو

carte de crédit

كريډټ كارډ

petit-déjeuner

ناشتو

déjeuner

لنچ

dîner

ډنر

billet

ټکټ

ascenseur

لفټ

timbre

مهر

frontière

سرحد

douane

ګاهك

ambassade

سفارتخانو

visa

ويزا

passeport

پاسپورټ

avion
هوائي جهاز

navire
سمندري جهاز

véhicule de pompiers
باه واسائن واري گاڈي

bus
بس

camion
ٹرک

bateau à moteur
موٹر بوٹ

voiture
کار

bicyclette
سائیکل

ferry

فیري

barque

بیڑي

moto

موٹر سائیکل

voiture de police

پولیس کار

voiture de course

ریسنگ کار

voiture de location

رینٹل کار

auto-partage

چشيرنگ کار

voiture de remorquage

چکٹ وارو ٹرک

benne à ordures

کچري واري ٹرک

moteur

کار

essence

فيول

station d'essence

پيٹرول اسٹيشن

panneau indicateur

ٹريفک جا نشان

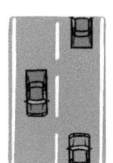

trafic

ٹريفک

embouteillage

ٹريفک جام

parking

کار پارک

gare

ٹرين اسٹيشن

rails

پٹڙيون

train

ٹرين

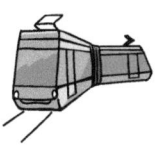

tramway

ٹرام

wagon

ويگن

hélicoptère

هيليكاپٽر

aéroport

ايئرپورٽ

tour

ٽاور

passager

مسافر

conteneur

كنٽينر

carton

ڊٻو

chariot

ريڙهي

corbeille

ٽوكري

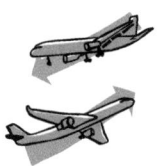

décoller / atterrir

اڏرڻ / زمين تي لهڻ

ville

شهر

village

ڳوٺ

centre-ville

شهر جو مرڪز

maison

گهر

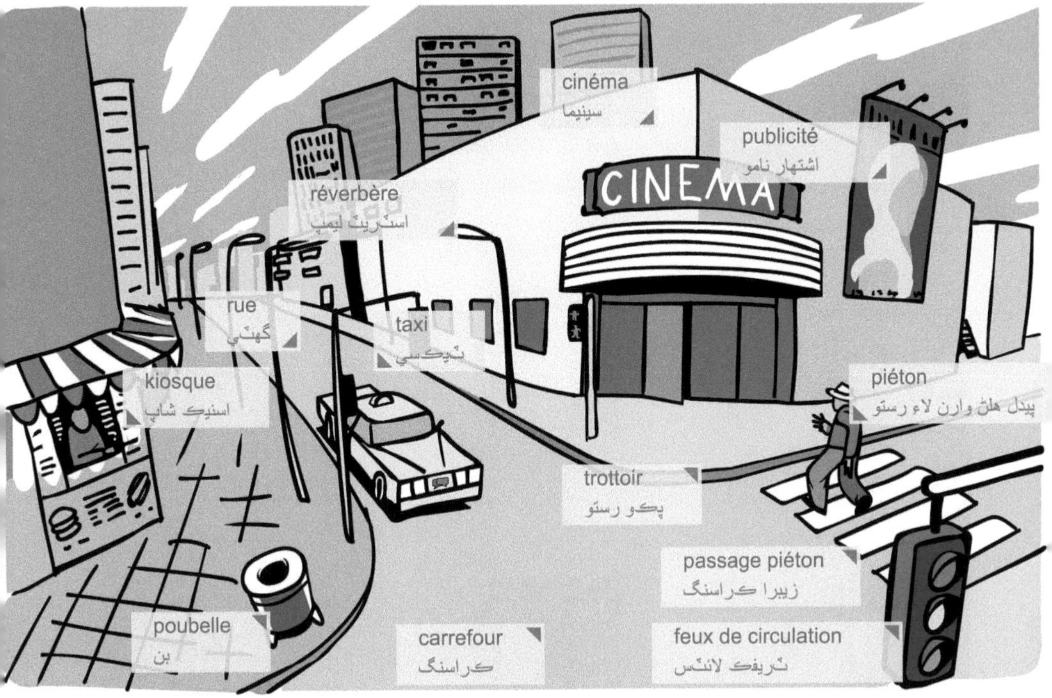

cinéma
سينما

publicité
اشتهار نامو

réverbère
اسٹریٹ لیمپ

CINEMA

rue
گهٹي

taxi
ٹوكسي

kiosque
اسنيك شاپ

piéton
پيدل هلٹ وارن لاء رستو

trottoir
پكو رستو

passage piéton
زيبرا كراسنگ

poubelle
بن

carrefour
كراسنگ

feux de circulation
ٹريفك لائٹس

cabane
....
جهوپڑي

appartement
....
فليٹ

gare
....
ٹرين اسٹيشن

mairie
....
ٹاؤن هال

musée
....
عجائب گهر

école
....
اسكول

université

يونيورسٽي

banque

بينڪ

hôpital

اسپتال

hôtel

هوٽل

pharmacie

فارميسي

bureau

آفس

librairie

ڪتابن جي ڪتاب

magasin

دڪان

fleuriste

گلن جي دڪان

supermarché

سپر مارڪيٽ

marché

مارڪيٽ

grand magasin

ڊپارٽمينٽ اسٽور

poissonnerie

مڇي جي دڪان

centre commercial

شاپنگ سينٽر

port

بندرگاه

parc

پارک

banque

بینچ

pont

پل

escaliers

ٹاکن

métro

زیر زمین میٹرو

tunnel

سرنگ

arrêt de bus

بس اسٹاپ

bar

شراب خانو

restaurant

روسٹورینٹ

boîte à lettres

پوسٹ باکس

panneau indicateur

اسٹریٹ سائن

parcmètre

پارکنگ میٹر

zoo

چڑیا گھر

piscine

سونمنگ پول

mosquée

مسجد

ferme

فارم

pollution

آلودگي

cimetière

قبرستان

église

چرچ

aire de jeux

راند جو ميدان

temple

مندر

paysage
زميني منظر

feuille
پتو

panneau indicateur
ساين بورڊ

chemin
رستو

pré
ساوڪ واري زمين

pierre
پٿر

randonneur
پيادل هلڻ وارو هائيڪر

rivière
درپا

arbre
وڻ

herbe
چمڻ

fleur
گل

vallée

وادي

montagne

جبل

lac

جِھيل

forêt

جنگل

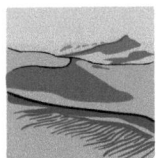

désert

ریگستان

volcan

آتش فشان

château

قلعو

arc-en-ciel

دھنُک

champignon

کھنبي

palmier

کھجي جو وڻ

moustique

مڇر

mouche

مک

fourmis

کِيولي

abeille

ماکي جي مک

araignée

مکڙي

coléoptère

ٽنندڻ

grenouille

ڏيڏر

écureuil

نورينڙو

hérisson

ڄاهو

lièvre

خرگوش

chouette

چبرو

oiseau

پکي

cygne

بدڪ

sanglier

سوئر

cerf

هرڻ

élan

أمريكي هرڻ جو قسم

barrage

بيم

éolienne

هوا سان هلڻ وارو ٽربائين

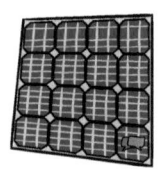

panneau solaire

سولر پينل

climat

آب و هوا

restaurant
روسٽورينٽ

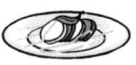

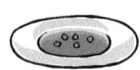

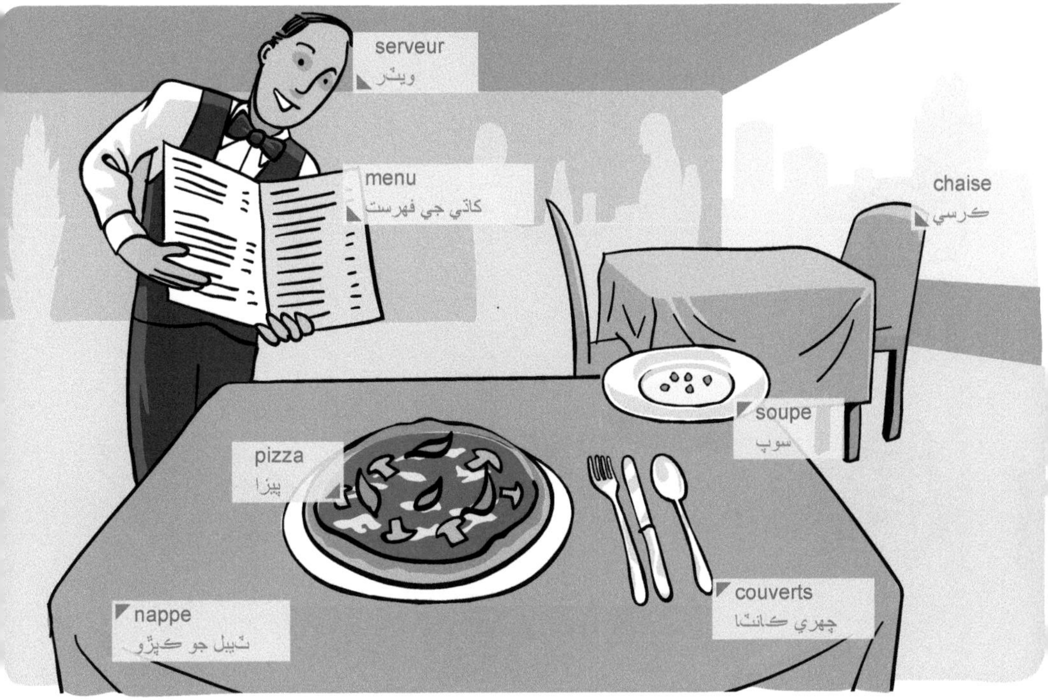
serveur
ويٽر
menu
کاڌي جي فهرست
chaise
ڪرسي
soupe
سوپ
pizza
پيزا
couverts
چهري ڪانٽا
nappe
ٽيبل جو ڪپڙو

hors d'œuvre

اسٽارٽر

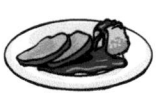

plat principal

مين ڪورس

dessert

کاڌي کانپوءِ کائڻ وارو مٺو

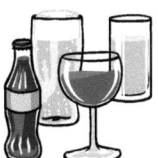

boissons

مشروب

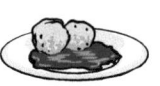

alimentation

خوراڪ

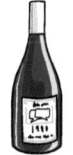

bouteille

بوتل

fast-food

فاسٹ فوڈ

plats à emporter

اسٹريٹ فوڈ

théière

كيٹلي

sucrier

شگر باؤل

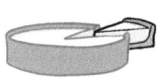

portion

ٹكڑو

machine à expresso

ايسپريسو مشين

chaise haute

اونچي كرسي

facture

بل

plateau

ٹري

couteau

چھري

fourchette

كانٹو

cuillère

چمچ

cuillère à thé

چانهن جو چمچو

serviette

سرويٹي

verre

گلاس

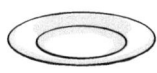

assiette

پلیٹ

assiette à soupe

سوپ پلیٹ

soucoupe

ساسر

sauce

چٹنی

salière

لوڻ داني

moulin à poivre

مرچ پیسڻ وارو

vinaigre

سرکو

huile

کاڻو پچائڻ وارو تیل

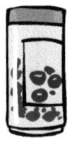

épices

مصالحو

ketchup

کیچ اپ

moutarde

سرنهن

mayonnaise

مایونیز

supermarché

سپر مارڪيٽ

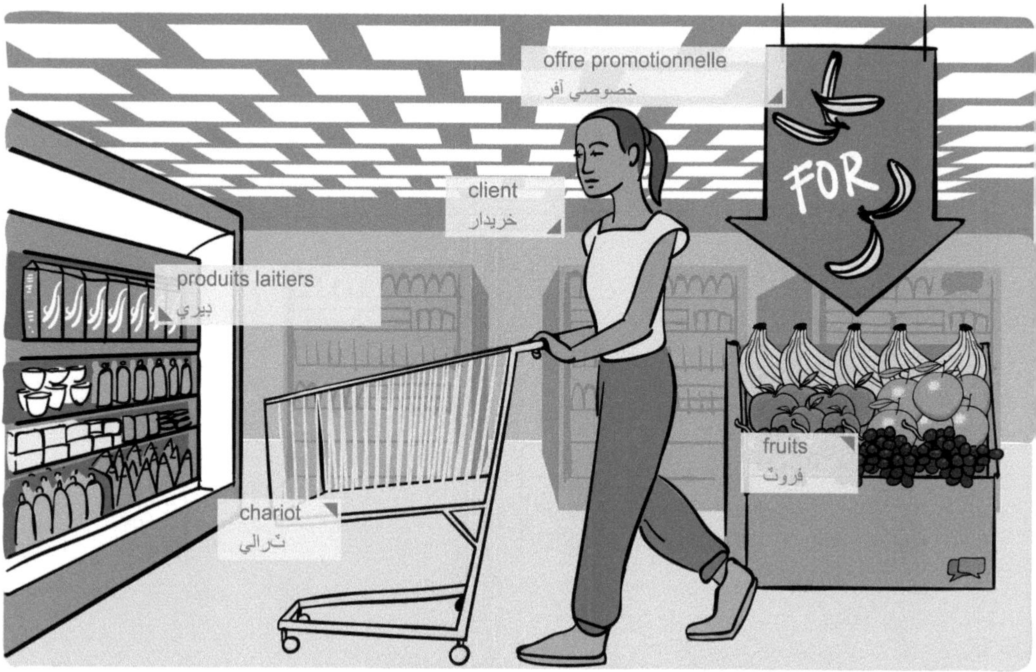

offre promotionnelle
خصوصي آفر
FOR
client
خريدار
produits laitiers
ڊيري
chariot
ٽرالي
fruits
فروٽ

BUTCHERS

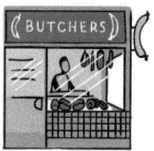

boucherie

گوشت جي دڪان

BAKERY

boulangerie

بيڪري

peser

وزن ڪرڻ

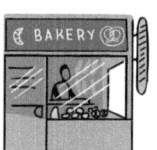

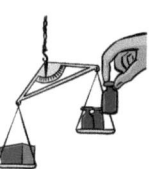

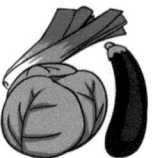

légumes

سبزيون

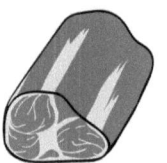

viande

گوشت

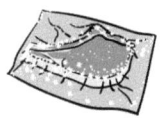

aliments surgelés

جميل کاڌو

charcuterie

سرد گوشت

conserves

ڊٻي ۾ بند ڪاڌو

poudre à lessive

واشنگ پاؤڊر

bonbons

مٺائي

articles ménagers

گھريلو سامان

détergents

صفائي ڪرڻ وارا پراڊڪٽس

vendeuse

سيلز پرسن

caisse

ڪيش رجسٽر

caissier

خزانچي

liste d'achats

خريداري جي فهرست

heures d'ouverture

اوقات ڪار

portefeuille

پرس

carte de crédit

ڪريڊٽ ڪارڊ

sac

بيگ

sac en plastique

پلاسٽڪ بيگ

eau

پاڻي

jus de fruit

جوس

lait

کير

coca

کوک

vin

وائن

bière

بيئر

alcool

الکوهل

chocolat chaud

کوکو

thé

چائي

café

کافي

expresso

أيسپريسو

cappuccino

کيپيوچينو

banane

كيلو

pomme

صوف

orange

مالٹو

melon

خربوذو

citron

ليمون

carotte

گجر

ail

ثوم

bambou

بانس

oignon

بصر

champignon

كنيي

noisettes

اخروٹ، بادام

pâtes

نوډلز

spaghetti

اسپيګټي

riz

چاڼور

salade

سلاد

pommes frites

چپس

pommes de terre rôties

تريل پټاټا

pizza

پيزا

hamburger

هيم برگر

sandwich

سيندوچ

escalope

گوشت جوړ کرو

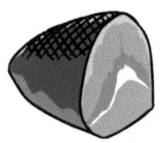

jambon

سور جي ران جو گوشت

salami

خشک گوشت

saucisse

ساسيج

poulet

مرغي

rôti

روسټ

poisson

مځي

flocons d'avoine

جوَ جو دلیا

muesli

میوزلی

cornflakes

کارن فلیکس

farine

آٹو

croissant

کروئسنٹ

petits-pains

بریڈ رول

pain

بریڈ

pain grillé

ٹوسٹ

biscuits

بسکٹ

beurre

مکّن

le fromage blanc

دہی

gâteau

کیک

œuf

انڈا

œuf au plat

فرائی ٹیل انڈو

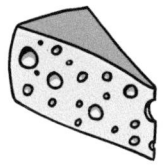

fromage

پنیر

glace

أنس كريم

sucre

كند

miel

ماكي

confiture

مربو

crème nougat

چاكليت اسپريد

curry

باجي

ferme
فارم

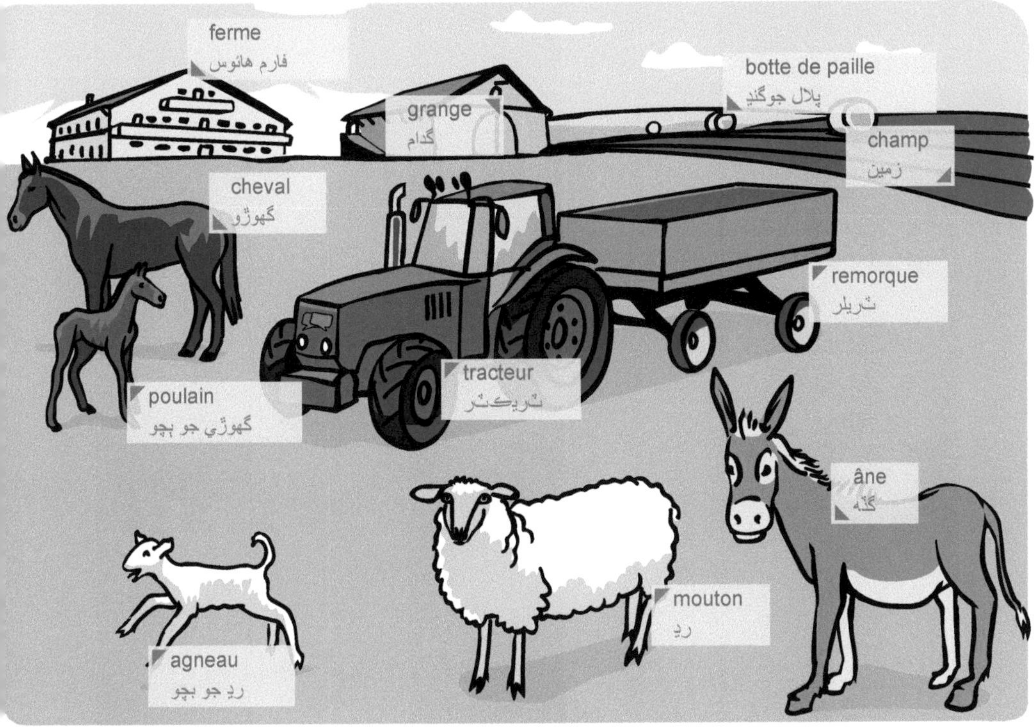

ferme
فارم هائوس
botte de paille
پلال جوگنڍ
grange
گدام
champ
زمين
cheval
گهوڙو
remorque
ٽريلر
tracteur
ٽريڪٽر
poulain
گهوڙي جو ٻچو
âne
گڏه
mouton
رڍ
agneau
رڍ جو ٻچو

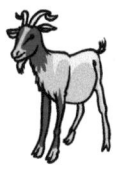

chèvre

ٻڪري

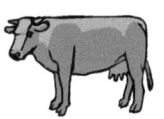

vache

ڳئون

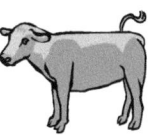

veau

پاڏو

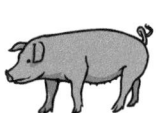

porc

سؤر

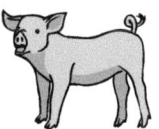

porcelet

سؤر جو ٻچو

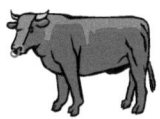

taureau

ڍڳو

oie

هنس

canard

بدک

poussin

چوزا

poule

مرغي

coq

مرغو

rat

كونو

chat

ٻلي

souris

كونو

bœuf

ڏاند

chien

كتو

chenil

كتي جو گهر

tuyau de jardin

گاردن هوز

arrosoir

پاڻي جو كين

faucheuse

ڏاٽو

charrue

هر

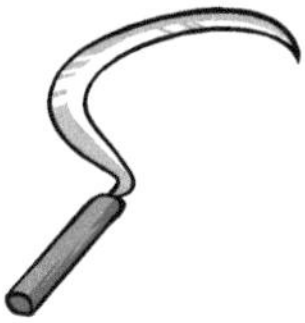

faucille

ڏاٽو

pioche

رنبو

fourche

ڏانداري

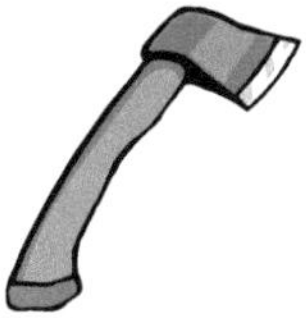

hache

ڪهاڙو

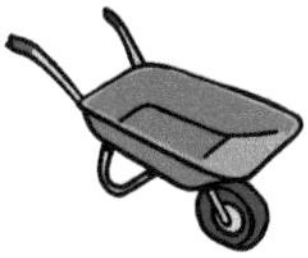

brouette

هٿ سان هلائڻ واري ريڙهي

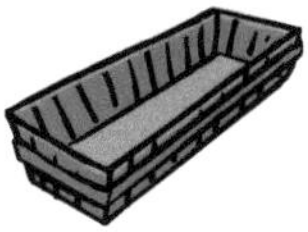

cuve

حوض

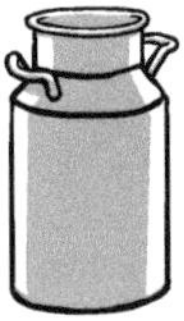

pot à lait

کير جو ڏبو

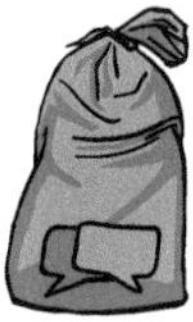

sac

ڳوڻ

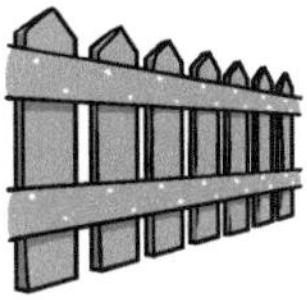

clôture

لوڙهو

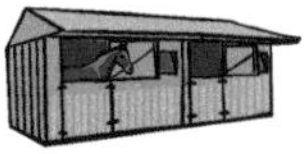

étable

اصطبل

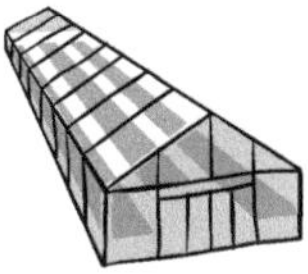

serre

گرين هائوس

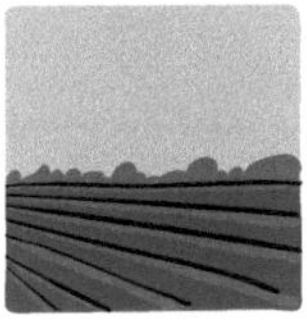

sol

مٽي

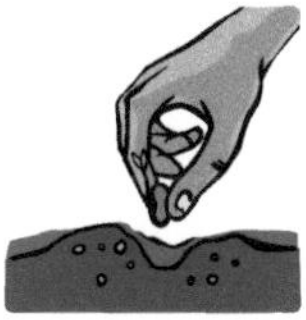

semences

ٻج

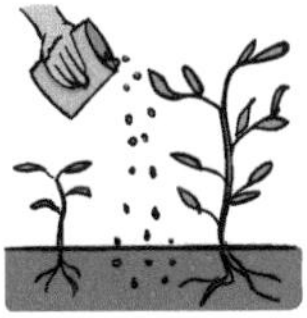

engrais

ڪهاد

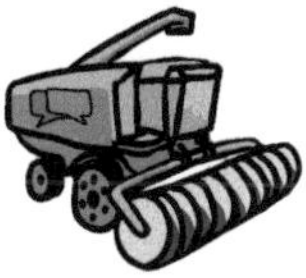

moissonneuse-batteuse

ڪمبائنڊ هارويسٽر

récolter

فصل ڪٽڻ

récolte

فصل ڪٽڻ

igname

ھڪ قسم جي ترڪاري

blé

ڪڻڪ

soja

سويا

pomme de terre

پٽاٽو

maïs

مڪائي

colza

توري جو ٻج

arbre fruitier

ميون جو وڻ

manioc

ڪساوا

céréales

اناج

maison

گھر

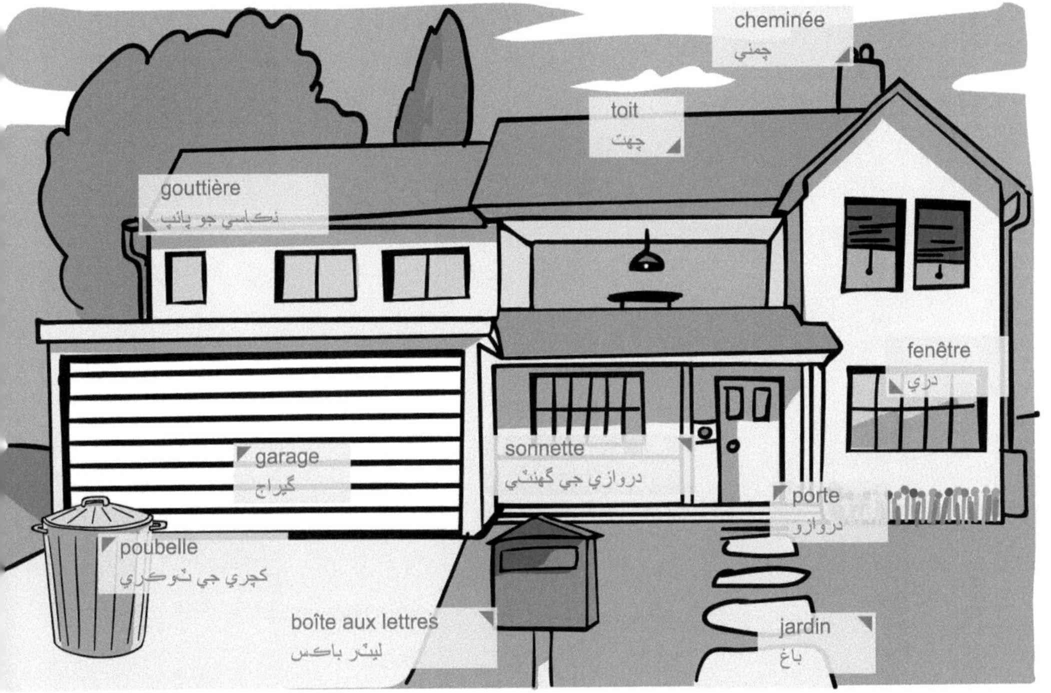
cheminée
چمني
toit
ڇت
gouttière
نڪاسي جو پائپ
fenêtre
دري
sonnette
دروازي جي گھنٽي
garage
گيراج
porte
دروازو
poubelle
ڪچري جي ٽوڪري
boîte aux lettres
ليٽر باڪس
jardin
باغ

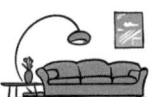

salon

لوونگ روم

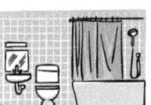

salle de bain

غسل خانو

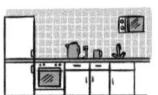

cuisine

باورچي خانو

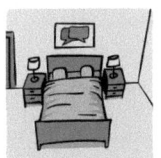

chambre à coucher

بيڊروم

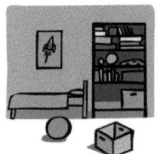

chambre d'enfant

ٻارن جو ڪمرو

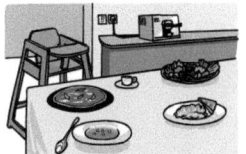

salle à manger

ڊائننگ روم

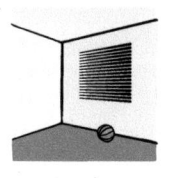

sol

فرش

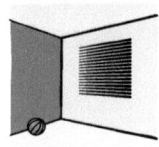

mur

ديوار

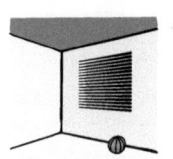

plafond

چهت

cave

تهخانو

sauna

ہاٹ وارو غسل

balcon

بالكوني

terrasse

ٹیرس

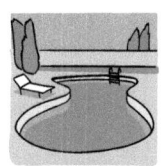

piscine

تلاؤ

tondeuse à gazon

گاه كٹ واري مشين

housse

چادر

couette

چادر

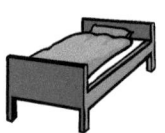

lit

بيڊ

balai

جهاڙو

sceau

بالٽي

interrupteur

سوئچ

salon

لوونگ روم

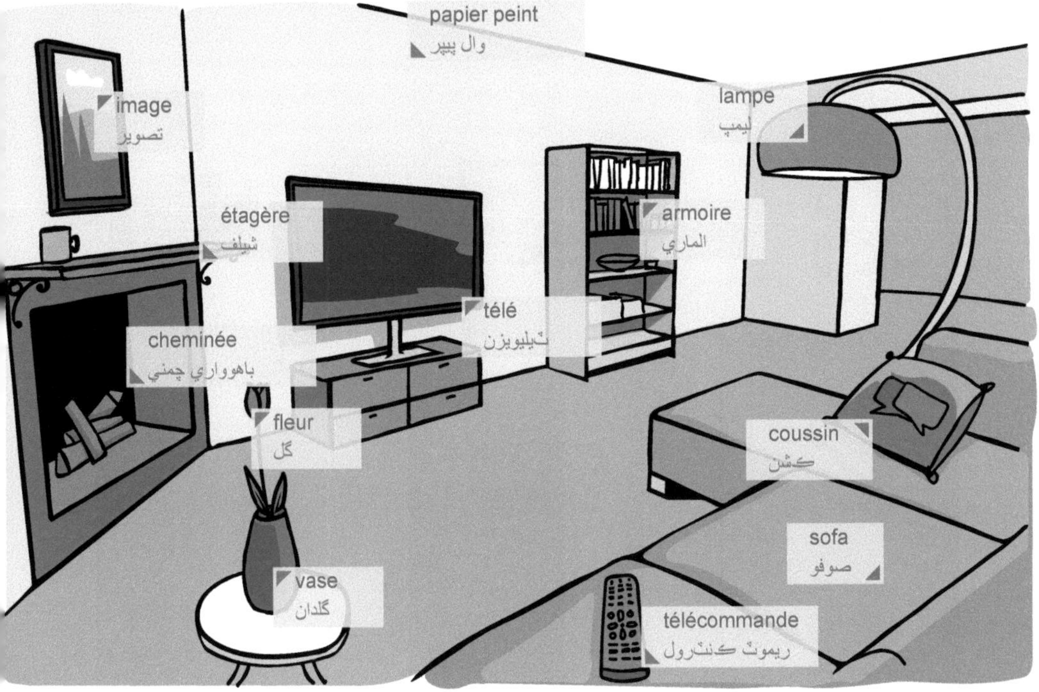

papier peint
وال پيپر
image
تصوير
lampe
ليمپ
étagère
شيلف
armoire
الماري
télé
ٽيليويزن
cheminée
باهوواري چمني
fleur
گل
coussin
ڪشن
sofa
صوفو
vase
گلدان
télécommande
ريموٽ ڪنٽرول

tapis

قالين

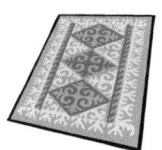

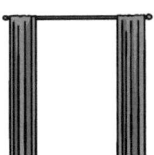

rideau

پردو

table

ميز

chaise

ڪرسي

chaise à bascule

لڏڻ واري ڪرسي

fauteuil

آرام ڪرسي

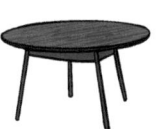

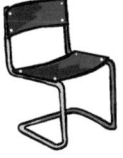

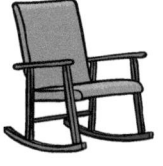

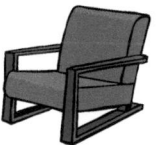

livre

كتاب

couverture

كمبل

décoration

آرائش

bois de chauffage

بارڻ واريون ڪاٺيون

film

فلم

chaîne hi-fi

هاٻي فاٻي

clé

چاٻي

journal

اخبار

peinture

پينٽنگ

poster

پوسٽر

radio

ريڊيو

bloc-notes

نوٽ بڪ

aspirateur

ويڪيوم ڪلينر

cactus

ٿوهر جو ٻوٽو

bougie

ميڻ بتي

cuisine

باورچي خانو

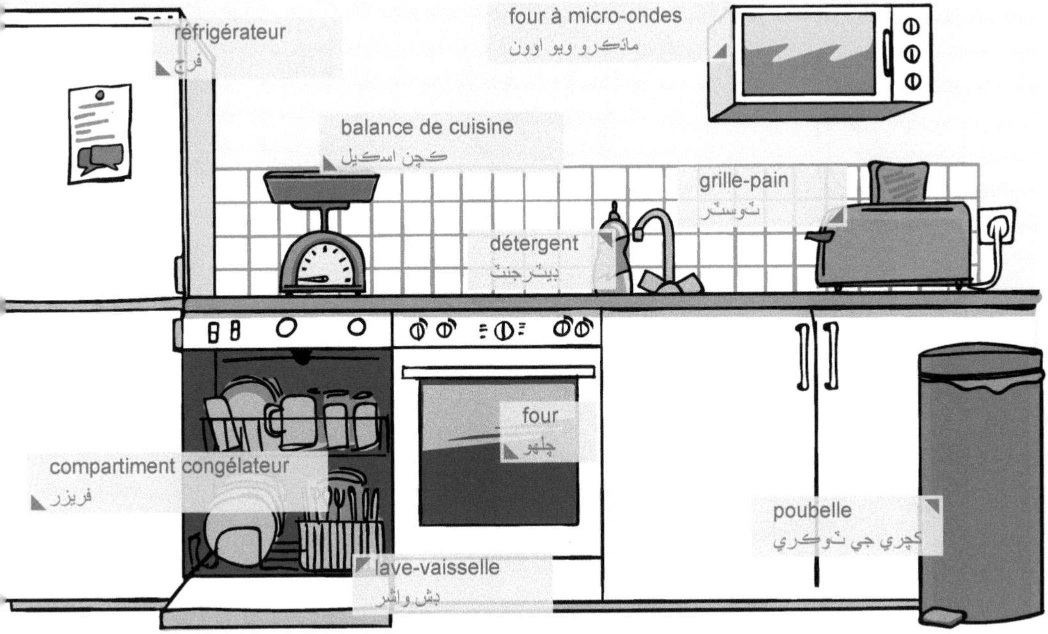

four à micro-ondes
مائکرو ویو اوون

réfrigérateur
فرج

balance de cuisine
کچن اسکیل

grille-pain
ٹوسٹر

détergent
ڈیٹرجنٹ

four
چلهو

compartiment congélateur
فریزر

poubelle
کچري جي ٹوکري

lave-vaisselle
ڈش واشر

four
....
کُکر

casserole
....
ٹانوَ

marmite
....
کاسٹ آئرن جا ٹانو

wok / kadai
....
کڑاهي

poêle
....
ترڻ وارو ٹانو

bouilloire electrique
....
کٽلي

cuiseur vapeur

استيمر

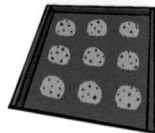

plaque de cuisson

بيکنگ ټري

vaisselle

کراکري

gobelet

مګ

coupe

پيالو

baguettes

چاپ اسټکس

louche

ډوني

spatule

نقشي

fouet

سبزي مکسر

passoire

چهاټي

tamis

چهاټي

râpe

کدو کش وارو اوزار

mortier

اکري

barbecue

بار بي کيو

cheminée

کليل باه

planche à découper

سبزي کټ وارو بورډ

rouleau à pâtisserie

ویلڼ

tire-bouchon

کارک اسکريو

boîte

کين

ouvre-boîte

کين اوپنر

maniques

تانوَ پکړڼ وارو کپړو

lavabo

سنک

brosse

برش

éponge

اسفنج

mixeur

بلينډر

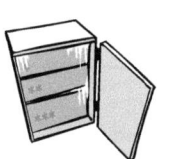

congélateur

ډيپ فريزر

biberon

بار جي بوتل

robinet

نل

salle de bain

غسل خانو

chauffage
هیټنګ
serviette
ټوال
douche
شاور
rideau de douche
شاور کرټین
bain moussant
ببل باث
baignoire
باث ټب
machine à laver
واشنګ مشین
carrelage
ټائلز
pot
پاټي
robinet
نل
verre
ګلاس
lavabo
سنک

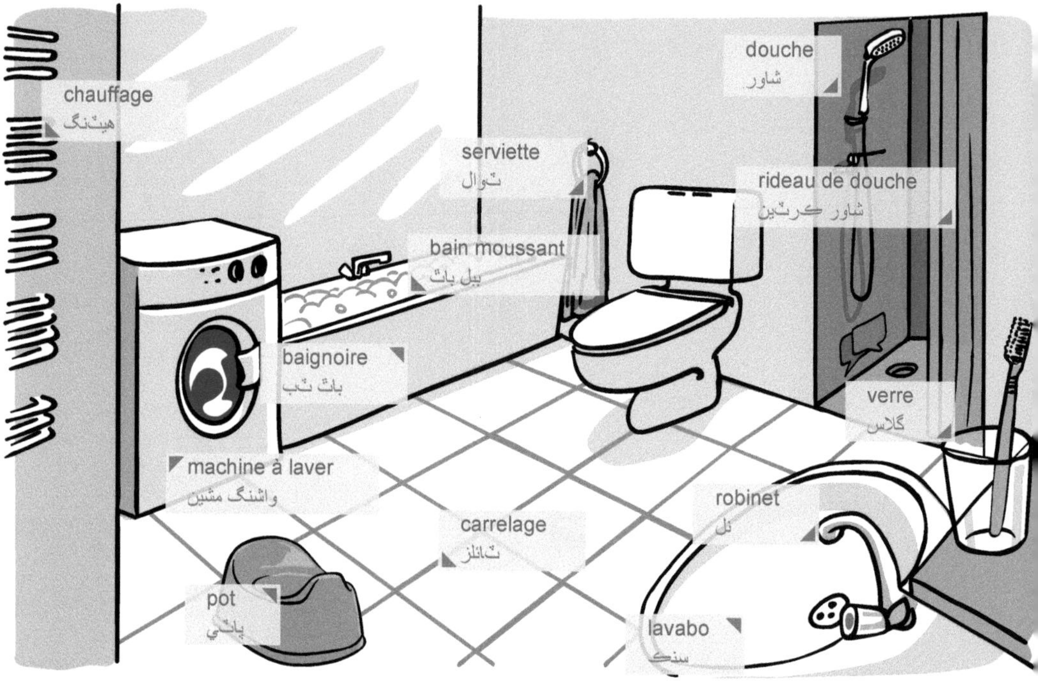

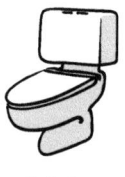

toilettes

ټائلټ

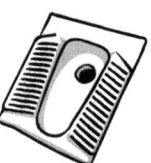

toilette à la turque

او کڑو ویهڅ وارو ټوائلت

bidet

شرم ګاه ټوئڅ وارو ټب

urinoir

پیشاب ګاه

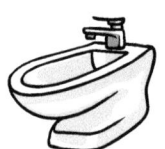

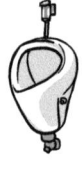

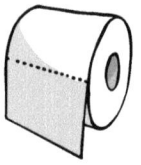

papier toilette

ټائلټ پیپر

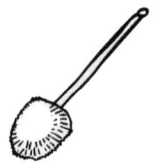

brosse à toilette

ټائلټ برش

brosse à dents

ئوّته برش

dentifrice

ئوّته پیستّ

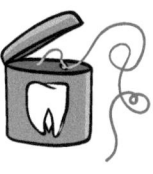

fil dentaire

ڊینتڵ فلاس

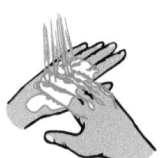

laver

ئوئژ

douche manuelle

هیند شاور

douche intime

شاور

vasque

بیڪ برش

brosse dorsale

بیڪ برش

savon

صابن

gel douche

شاور جیل

shampooing

ڃیمپو

gant de toilette

فلالین

écoulement

ڊرین

crème

ڪریم

déodorant

ڊیوڊورنتّ

miroir

آئینو

miroir cosmétique

هٹ م پکڑٹ وارو آئینو

rasoir

ريزر

mousse à raser

شيونگ فوم

après-rasage

أفٹر شيو

peigne

ڪٽي

brosse

برش

sèche-cheveux

هيئر ڊرائير

laque pour cheveux

هيئر اسپري

fond de teint

ميڪ اپ

rouge à lèvres

سرخي

vernis à ongles

نيل وارنش

ouate

ڪپھہ

coupe-ongles

نيل سيزر

parfum

پرفيوم

trousse de toilette

واش بيگ

tabouret

استول

pèse-personne

وزن کرڻ واري مشين

peignoir

باٿ روب

gants de nettoyage

ربّر جا دستانا

tampon

ٽيمپون

serviettes hygiéniques

صفائي وارو ٽاول

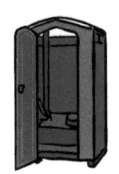

toilette chimique

کيميائي ٽوائلٽ

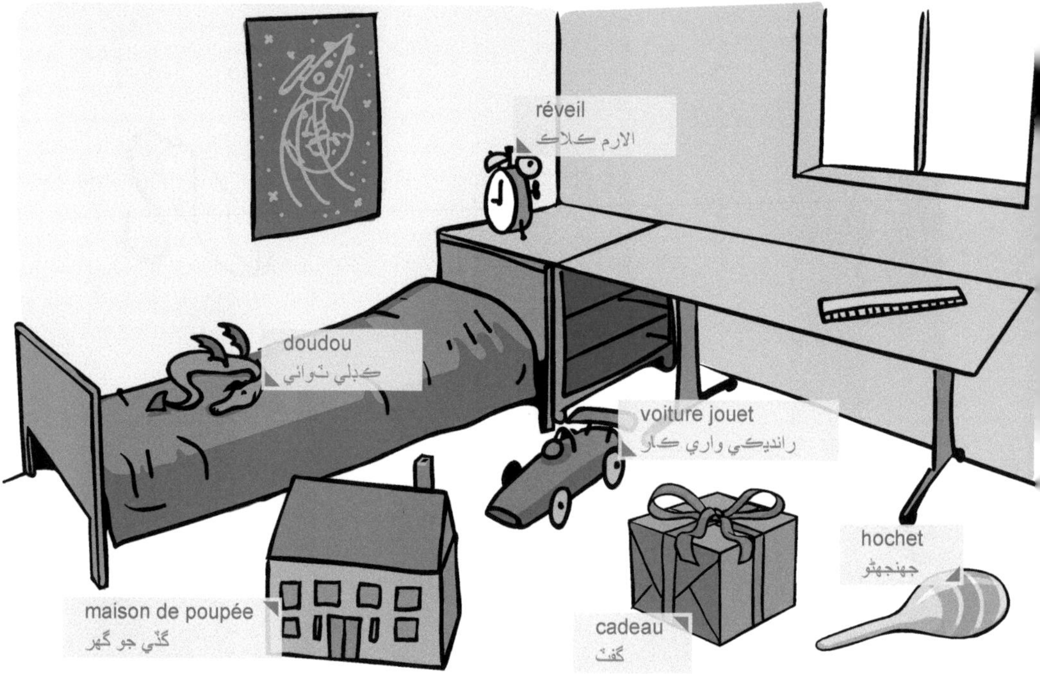

réveil
الارم ڪلاڪ
doudou
ڪبلي ٽوائي
voiture jouet
رانديڪي واري ڪار
hochet
جهنجهڻو
maison de poupée
گڏي جو گهر
cadeau
گفٽ

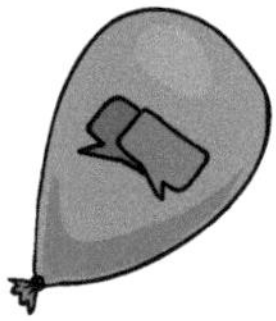

ballon

ڦوڪڻو

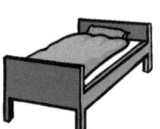

lit

بيڊ

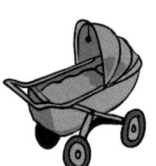

poussette

ٻار جي ڳاڏي

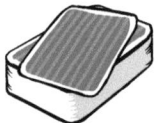

jeu de cartes

ڊيڪ آف ڪارڊز

puzzle

جگسا

SUPER
MEGA

bande dessinée

ڪامڪ

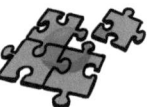

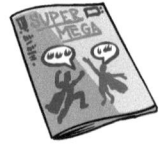

pièces lego

ليگوبرگس

blocs de construction

رانديكن وارا بلاكس

figurine

ايكشن فگر

grenouillère

بيبي گرو

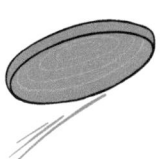

frisbee

فرسبي

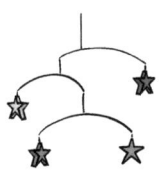

mobile

رانديكي واري موبائل

jeu de société

بورڊ گيم

dé

چهكو

train miniature

مادل ٽئين سيٽ

sucette

بارن جي چوسڻ واري نپل

fête

پارٽي

livre d'images

تصوير واري كتاب

balle

بال

poupée

گڏي

jouer

كيڏڻ

bac à sable

سينڊ پٽ

balançoire

جھولا

jouets

رانديڪا

console de jeu

وڊيو گيم ڪنسول

tricycle

ٽن ڦيٿن واري سائيڪل

ours en peluche

ٽيڊي بيئر

armoire

ڪپڙن جي الماري

vêtements

لباس

chaussettes

جرابا

bas

اسٽاڪنگز

collant

ٽائٽس

écharpe
اسكارف

parapluie
چَتري

t-shirt
تِي شِرت

ceinture
بيلٹ

bottes
بوٹ

pantoufles
چپل

baskets
جاگِر شُوز

sandales
سينڈل

chaussures
جوتا

bottes de caoutchouc
ربڑ جا بوٹ

sous-vêtements
انڈرپينٹس

soutien-gorge
بريزر

maillot de corps
واسكٹ

vêtements - لباس   45

body

جسم

pantalon

پتلون

jean

جينز پينٹ

jupe

اسکرٹ

chemisier

چولو

chemise

قميض

pull

جرسي

sweat à capuche

هودي

veste

بليزر

veste

جيکٹ

manteau

کوٹ

imperméable

بارش م پانٹ وارو کوٹ

costume

پوشاک

robe

لباس

robe de mariée

شادي جولباس

costume

سوٽ

chemise de nuit

نائٽ گاؤن

pyjama

پاجامو

sari

ساڙي

foulard

مٿي تي بڌل وارو اسڪارف

turban

پڳڙي

burqa

برقعو

caftan

ڪفتان

abaya

عبايو

maillot de bain

ٽيراڪي جو لباس

maillot de bain

چڊي

short

نيڪر

tenue d'entraînement

ٽريڪ سوٽ

tablier

ايپرن

gants

دستانا

bouton

بټن

lunettes

چشمو

bracelet

بریسلیټ

collier

هار

bague

منډبي

boucle d'oreille

والیون

bonnet

ټوپي

cintre

کوټ هینگر

chapeau

ټوپي

cravate

نائي

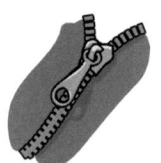

fermeture éclair

زپ

casque

هیلمټ

bretelles

بریسز

uniforme scolaire

اسکول یونیفارم

uniforme

وردي

bavoir

بارن لاء ڳلي ۾ ٻڌڻ وارو ڪپڙو

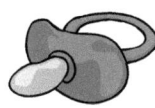

sucette

بارن جي چوسڻ واري نپل

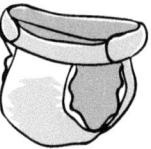

lange

ڪچو

---

bureau

آفس

![office scene with labels]

serveur
سرور

armoire d'archivage
فائلن جي الماري

imprimante
پرنٽر

écran
مانيٽر

papier
ڪاغذ

bureau
ميز

souris
ماؤس

classeur
فولڊر

clavier
ڪي بورڊ

corbeille à papier
ردي جي ٽوڪري

chaise
ڪافي مگ

ordinateur
ڪمپيوٽر

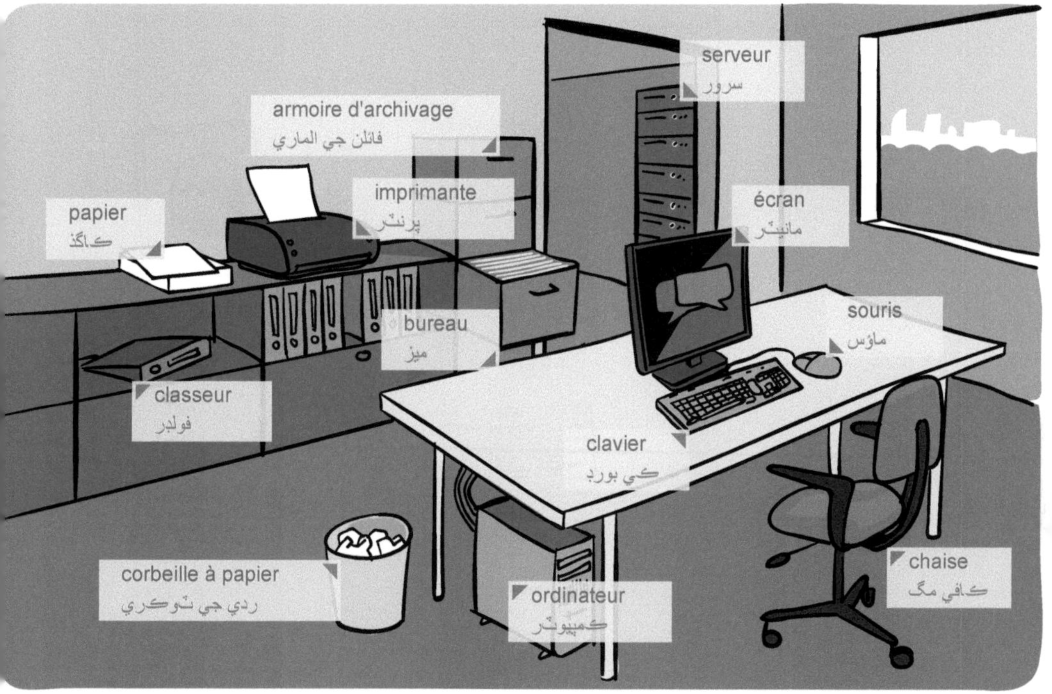

tasse de café

ڪافي مگ

calculatrice

ڪيلڪيوليٽر

internet

انٽرنيٽ

ordinateur portable

لیپ ٹاپ

lettre

خط

message

پیغام

portable

موبائل

réseau

نیٹ ورک

photocopieuse

فوٹو کاپی کرنے واری مشین

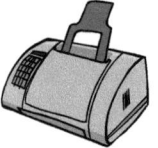

logiciel

سافٹ ویئر

téléphone

ٹیلی فون

prise

پلگ ساکٹ

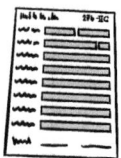

fax

فیکس مشین

formulaire

فارم

document

دستاویز

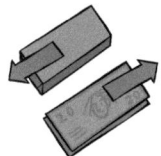

acheter

خرید کرݨ

payer

ادا کرݨ

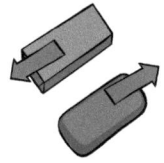

faire du commerce

صاف کرݨ

monnaie

پیسا

dollar

ڈالر

euro

یورو

yen

یین

rouble

روبل

franc suisse

سوئس فرانک

renminbi yuan

رینمنبی یوآن

roupie

روپیو

distributeur automatique

کیش پواننٹ

bureau de change

رقم تبديل كرائن جي آفيس

or

سون

argent

چاندي

pétrole

خام تيل

énergie

توانائي

prix

قيمت

contrat

معاهدو

taxe

ٹیکس

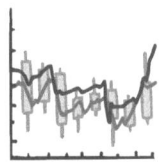

action

ذخيرو

travailler

كم كرڻ

employé

ملازم

employeur

آجر

usine

فيكٹري

magasin

دكان

professions

پیشو

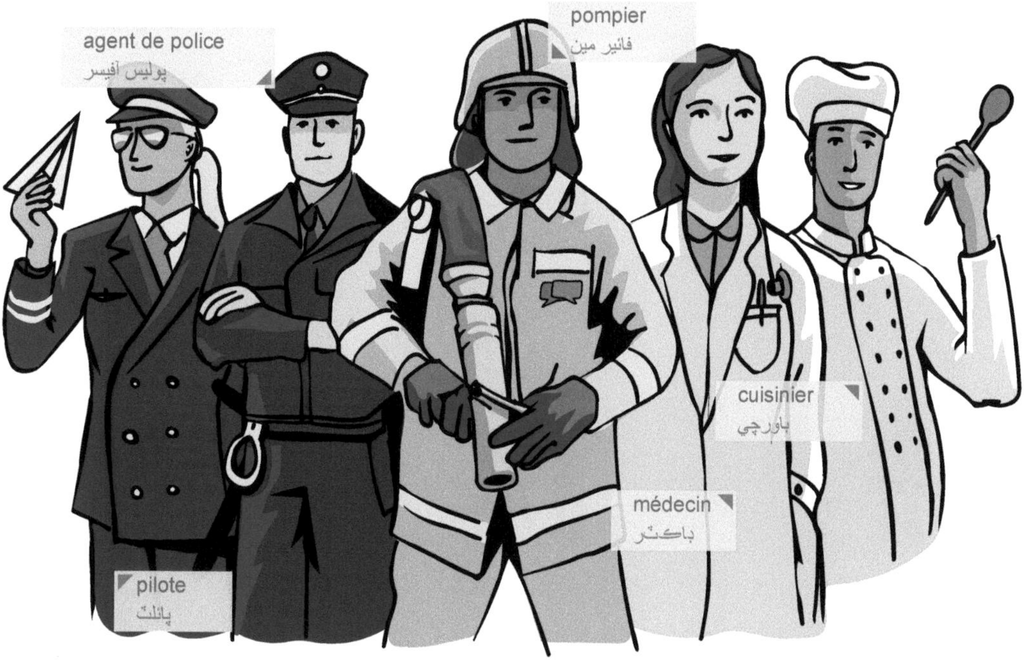

agent de police
پولیس آفیسر
pompier
فائیر مین
cuisinier
باورچي
médecin
ډاکټر
pilote
پائلټ

jardinier

مالي

menuisier

وادو

couturière

درزن

juge

جج

chimiste

کیمیسټ

acteur

اداکار

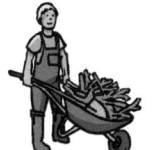

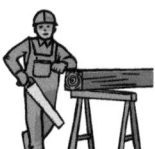

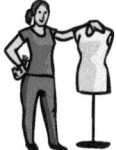

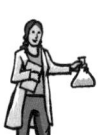

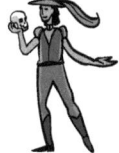

conducteur de bus

بس ڊرائيور

chauffeur de taxi

ٽيڪسي ڊرائيور

pêcheur

مڇي مارڻ وارو

femme de ménage

صفائي ڪرڻ واري ماني

couvreur

ڇت ٺاهڻ وارو

serveur

ويٽر

chasseur

شڪاري

peintre

رنگ ساز

boulanger

نانوائي

électricien

اليڪٽريشن

ouvrier

بلدبر

ingénieur

انجنيئر

boucher

ڪاساني

plombier

پلمبر

facteur

پوسٽ مين

soldat

سپاهي

architecte

أركيتيكت

caissier

خزانچي

fleuriste

گل کپائڻ وارو

coiffeur

نائي

contrôleur

کنډیکټر

mécanicien

مکینک

capitaine

کپتان

dentiste

ډینټسټ

scientifique

سائنسدان

rabbin

يهودي عالم

imam

امام

moine

راهب

prêtre

پادري

outils

اوزار

marteau
هٿوڙو
pinces
پلاس
tournevis
پيچ ڪش
clé
پانو
torche
ٽارچ

pelleteuse

ايڪسڪويٽر

boîte à outils

ٽول باڪس

échelle

ڏاڪڻ

scie

آري

clous

ڪوڪو

perceuse

ڊرل

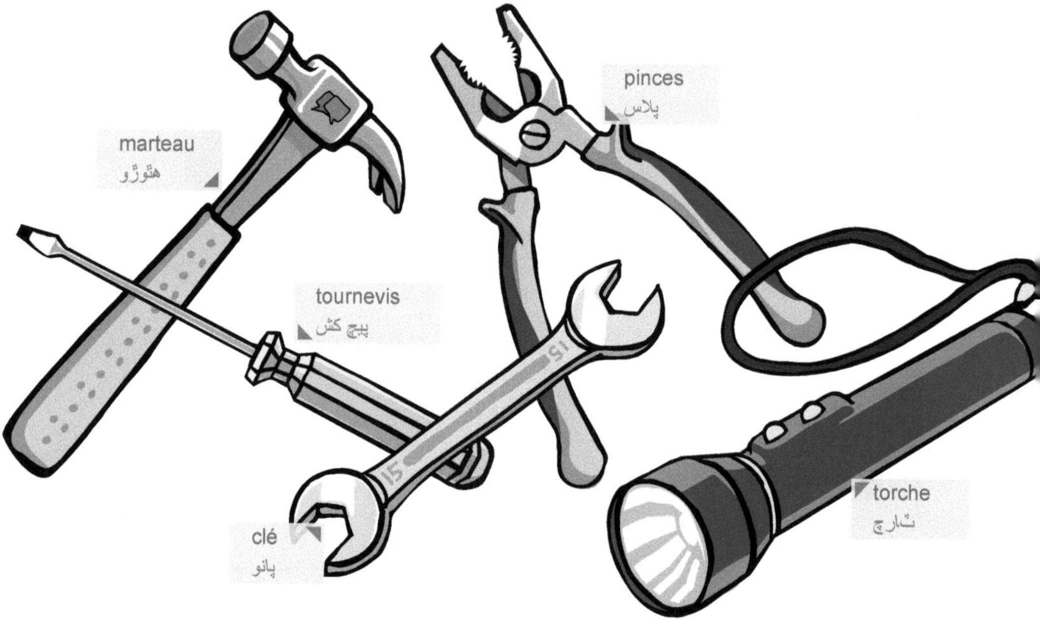

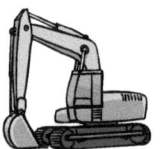

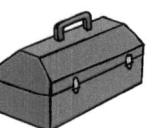

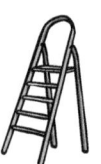

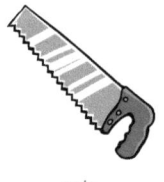

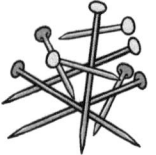

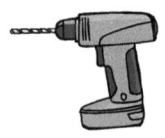

réparer

مرمت کرڻ

pelle

بيلچو

Mince !

لعنت هجي!

pelle

کچري دان

pot de peinture

پينٽ وارو دٻو

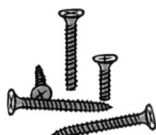

vis

پيچ

instruments de musique

موسيقي جا اوزار

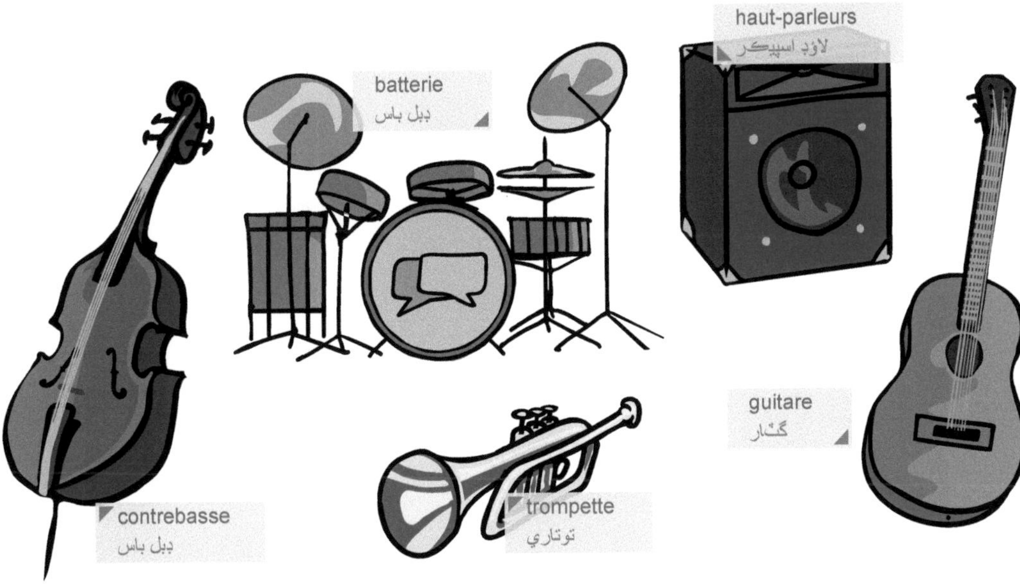

haut-parleurs
لاؤڊ اسپيڪر

batterie
ڊبل باس

contrebasse
ڊبل باس

trompette
توتاري

guitare
گٽار

piano

پیانو

violon

واٸلن

basse

گٹار

timbales

ٹمپاني

tambour

ڈرم

piano électrique

کي بورڈ

saxophone

سيکسوفون

flûte

بانسري

microphone

مائيکروفون

ZOO
چڙيا گھر

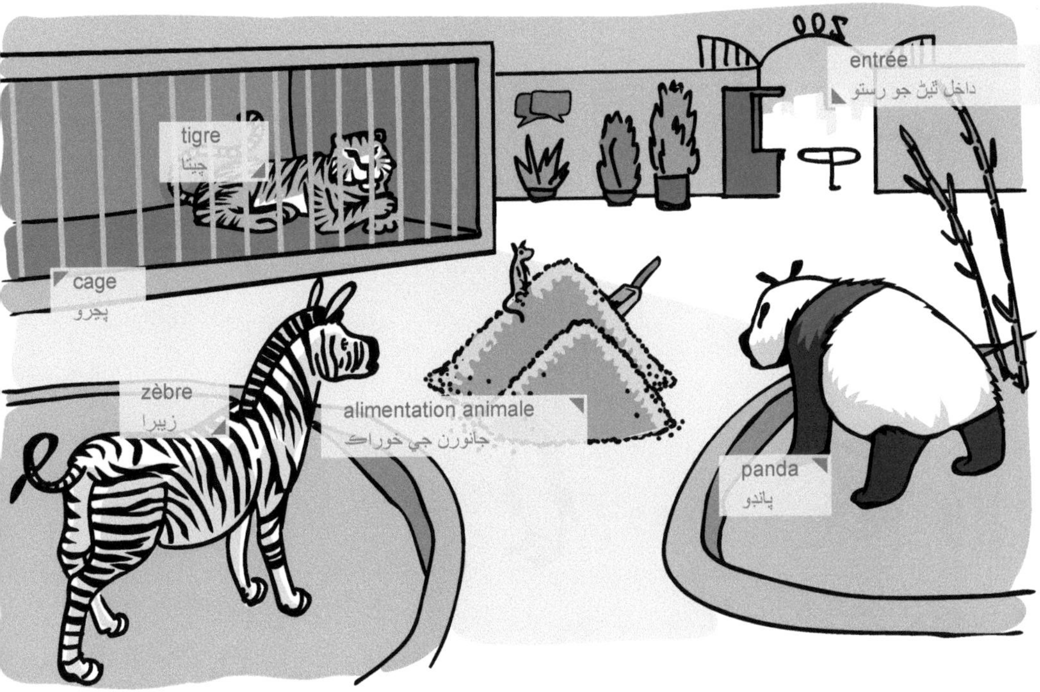
entrée
داخل ٿيڻ جو رستو
tigre
چيتا
cage
پڃرو
zèbre
زيبرا
alimentation animale
جانورن جي خوراڪ
panda
پانڊو

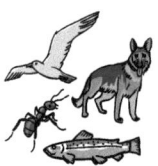

animaux
جانور

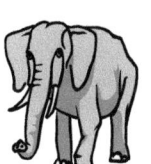

éléphant
هاٿي

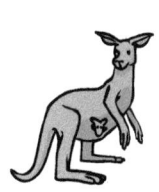

kangourou
ڪينگرو

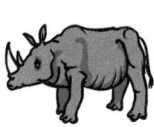

rhinocéros
گينڊو

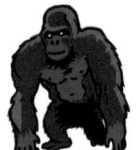

gorille
گوريلو

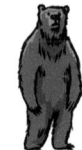

ours
رڇ

chameau

انٹ

autruche

شتر مرغ

lion

شينهن

singe

پولڑو

flamand rose

فليمنگو

perroquet

طوطو

ours polaire

برفاني رچ

pingouin

كبوتر

requin

شارك

paon

مور

serpent

نانگ

crocodile

واگون

gardien de zoo

چڑيا گھر جو محافظ

phoque

گوج مڇي

jaguar

چيتو

poney

نَتّون

léopard

چيتو

hippopotame

درياني گھوړو

girafe

چزراف

aigle

باز

sanglier

سونړ

poisson

مږي

tortue

كمي

morse

سامونډبي گھوړو

renard

لومړي

gazelle

هرڼ

american Football
آمریکن فوتبال

cyclisme
سائکلنگ

tennis
ٹینس

basket-ball
باسکٹ بال

natation
تیراکی

hockey sur glace
آئس هاکي

boxe
باکسنگ

football
....
فوٹبال

badminton
....
بیڈمنٹن

athlétisme
....
ایتھلیٹکس

handball
....
هینڈ بال

ski
....
اسکیئنگ

polo
....
پولو

rire
كلى

sauter
ٹهپو ٹيل

embrasser
پاكر پاىٹ

marcher
هلى

chanter
گانو گاىٹ

rêver
خواب ٹسى

prier
دعا كرڻ

faire la bise
چمي ٹيل

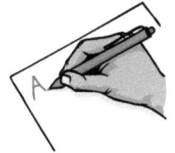

écrire

لكڻ

dessiner

تصوير كشي كرڻ

montrer

ڈيكارڻ

pousser

ڌكو ڏيڻ

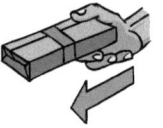

donner

ڏيڻ

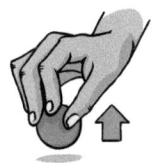

prendre

ورڻ

avoir

رکڻ

faire

کرڻ

être

ٿيڻ

être debout

بيهڻ

courir

ڀڄڻ

trier

چڪڻ

jeter

اڇلائڻ

tomber

ڪرڻ

être couché

ڪوڙ ڳالهائڻ

attendre

انتظار ڪرڻ

porter

کڻي وڃن

être assis

ويهڻ

s'habiller

تيار ٿيڻ

dormir

سمهڻ

se réveiller

جاڳڻ

regarder

ٹَسٹ

pleurer

رونا

caresser

ذَک ھٹ

peigner

کنگی کرڻ

parler

گالھائڻ

comprendre

سمجھ

demander

پچڻ

écouter

ٻڌڻ

boire

پيئڻ

manger

کائڻ

ranger

صاف کرڻ

aimer

پيار کرڻ

cuire

پچائڻ

conduire

گاڏي ھلائڻ

voler

اڏڻ

faire de la voile

بحري سفر کرنٹ

calculer

حساب کرنٹ

lire

پڑھنٹ

apprendre

سکٹ

travailler

کم کرنٹ

se marier

شادي کرنٹ

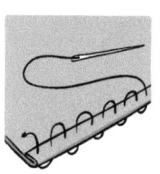

coudre

سیٹ

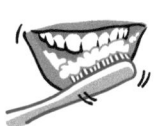

brosser les dents

دّندن کي برش کرنٹ

tuer

قتل کرنٹ

fumer

سگریٹ پیٹ

envoyer

موکلٹ

grand-mère
ڬانڈي يا ناني

grand-père
ڬانڈو يا نانو

père
پي

mère
ماءُ

bébé
پار

fille
ڌي

fils
پٽ

hôte

مهمان

tante

چاچي

oncle

چاچو

frère

پاءُ

sœur

پيڻ

corps

جسم

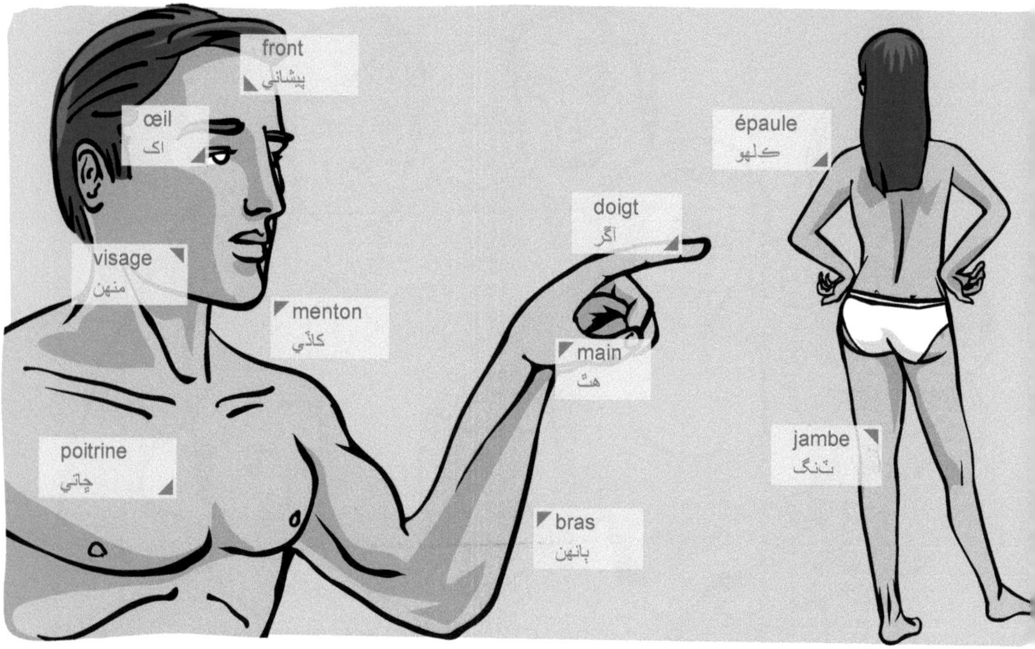

front
پيشاني
œil
اک
épaule
ڪلهو
doigt
آڱر
visage
منهن
menton
ڪاڏي
main
هٿ
poitrine
ڇاتي
jambe
ٽنگ
bras
ٻانهن

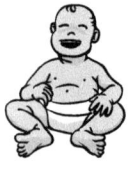

bébé

ٻار

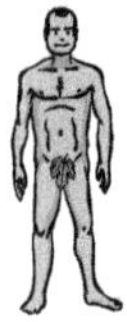

homme

ماڻهون

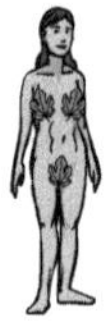

femme

عورت

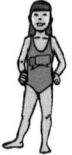

fille

ڇوڪري

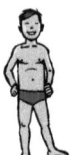

garçon

ڇوڪرو

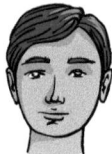

tête

مٿو

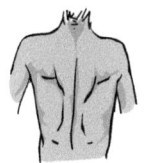

dos

پُٺي

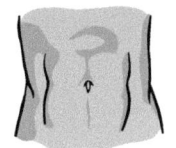

ventre

پيٽ

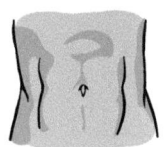

nombril

ڏن

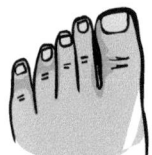

orteil

پير جو آنگونُ

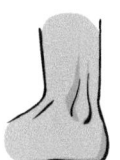

talon

کُڙي

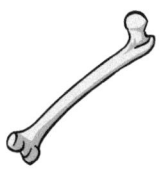

os

هڏي

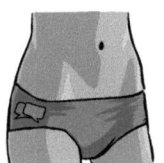

hanche

ٿنڀِ

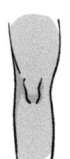

genou

گوڏو

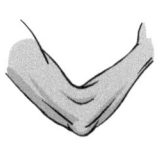

coude

ٿُونٺ

nez

نَڪ

fesses

هِٿيپون حصو

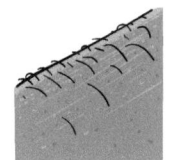

peau

کل

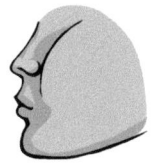

joue

ڳل

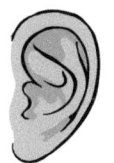

oreille

ڪَن

lèvre

چپ

bouche

واث

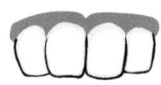

dent

ذند

langue

زبان

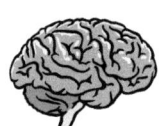

cerveau

دماغ

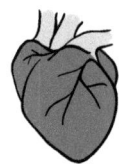

cœur

دل

muscle

ثورو

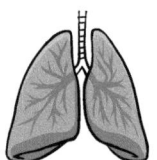

poumons

قفر

foie

جگر

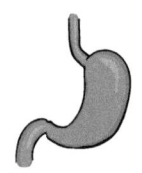

estomac

معذو

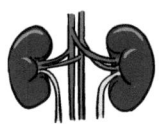

reins

گردا

rapport sexuel

جماع کرث

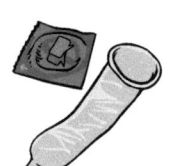

préservatif

کندوم

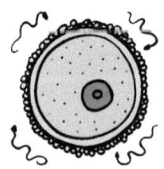

ovule

بيضه

sperme

مني

grossesse

حمل

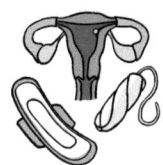

menstruation

حیض

vagin

ڀڃيداني جي نالي

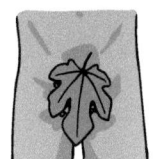

pénis

مردانو مخصوص عضوو

sourcil

پرون

cheveux

وار

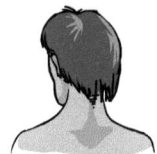

cou

ڳچي

hôpital

اسپتال

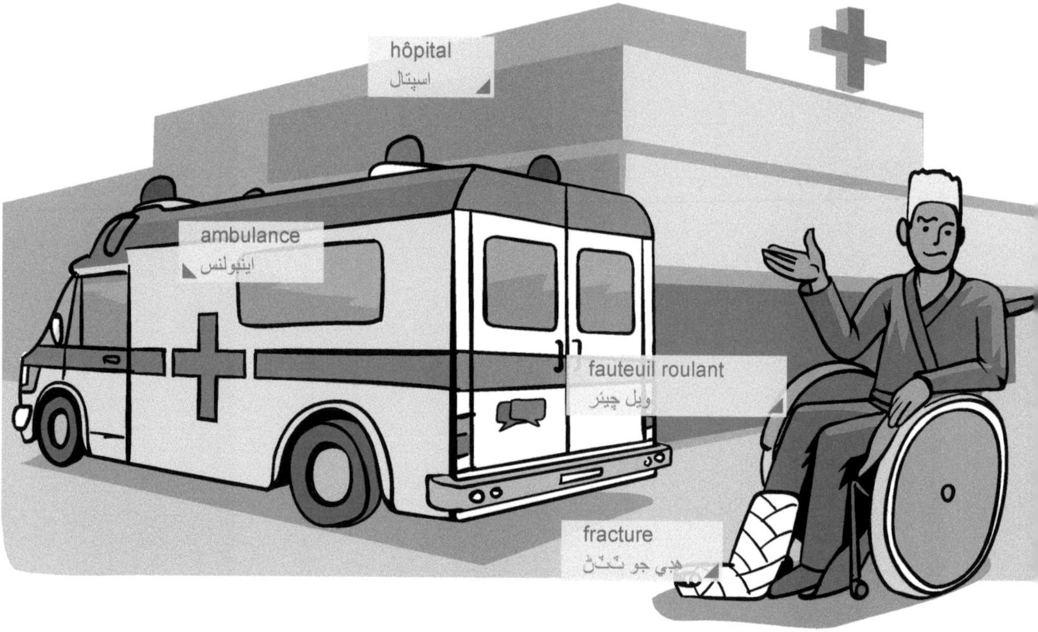

hôpital
اسپتال
ambulance
اينبولنس
fauteuil roulant
ويل چيئر
fracture
هڏي جو ٽٽڻ

médecin

ڊاڪٽر

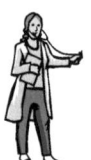

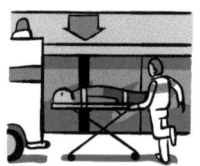

service des urgences

هنگامي ڪمرو

infirmière

نرس

urgence

ايڪسري

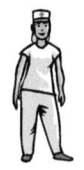

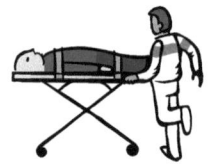

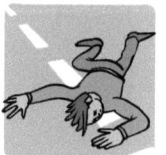

inconscient

بيهوش

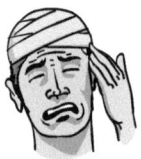

douleur

سور

blessure

زخم

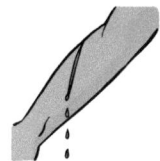

hémorragie

رت وهڻ

crise cardiaque

دل جو دورو

attaque cérébrale

فالج

allergie

الرجي

toux

کنگهه

fièvre

بخار

grippe

زکام

diarrhée

دست

mal de tête

مٿي جو سور

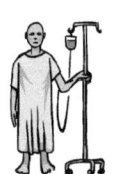

cancer

ڪينسر

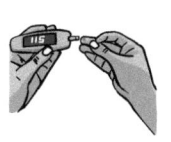

diabète

ذيابيطس

chirurgien

سرجن

scalpel

جراحي بليڊ

opération

آپريشن

CT

سي ٽي

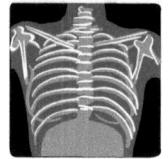

radiographie

ايكسري

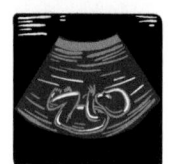

échographie

الٽراساؤنڊ

masque

منهن جي ماسڪ

maladie

بيماري

salle d'attente

انتظار ڪرڻ جو ڪمرو

béquille

بيساکهي

pansement

پلاسٽر

pansement

پٽي

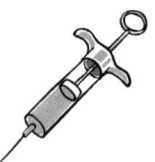

injection

انجيڪشن

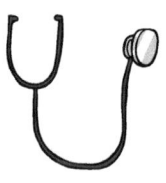

stéthoscope

اسٽيٿوسڪوپ

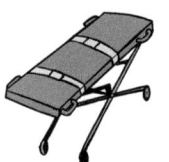

brancard

اسٽريچر

thermomètre

ٿرماميٽر

accouchement

پيدائش

surcharge pondérale

موٽاپو

appareil auditif

ہیڈ واری ڈیوائس

désinfectant

جراثیم کش

infection

انفیکشن

virus

وائرس

VIH / sida

ایچ آئی وی / ایڈز

médicament

دوا

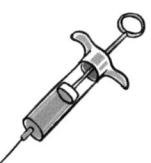

vaccination

ویکسینیشن

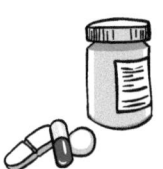

comprimés

ٹکی

pilule

گولی

appel d'urgence

ہنگامی کال

tensiomètre

بلڈ پریشر مانیٹر

malade / sain

بیمار / صحت

Au secours !

مدد

alarme

الارم

assaut

جسماني حملو كرڻ

attaque

حملو كرڻ

danger

خطره

sortie de secours

هنگامي حالت ۾ نڪرڻ جو رستو

Au feu!

باه

extincteur

باه وسائڻ جو اوزار

accident

حادثو

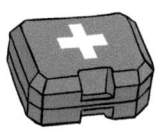

trousse de premier secours

ابتدائي طبي امداد

SOS

ايس او ايس

police

پوليس

Europe

يورپ

Amérique du Nord

اتر آمریکا

Amérique du Sud

ٹکٹ آمریکا

Afrique

آفریقا

Asie

ایشیا

Australie

آسٹریلیا

Océan atlantique

اٹلانٹک

Océan pacifique

پیسفک

Océan indien

بحر هند

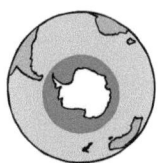

Océan antarctique

انٹارکٹک سمنڈ

Océan arctique

آرکٹک سمنڈ

pôle nord

اتر قطب

pôle sud

ذكر قطب

Antarctique

انٹارکٹیکا

terre

زمین

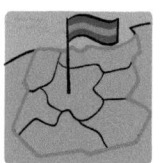

pays

زمین

mer

سمندر

île

جزیرو

nation

قوم

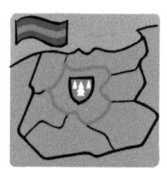

état

ریاست

cadran

گھڙي جو سامهون حصو

aiguille des heures

كلاڪ واري سوئي

aiguille des minutes

منٽ واري سوئي

aiguille des secondes

سيكنڊن واري سوئي

Quelle heure est-il ?

ڪٿانم گھٽو ٿيو آهي؟

jour

ڏينهن

temps

وقت

maintenant

هاڻي

montre digitale

ڊجيٽل گھڙي

minute

منٽ

heure

كلاڪ

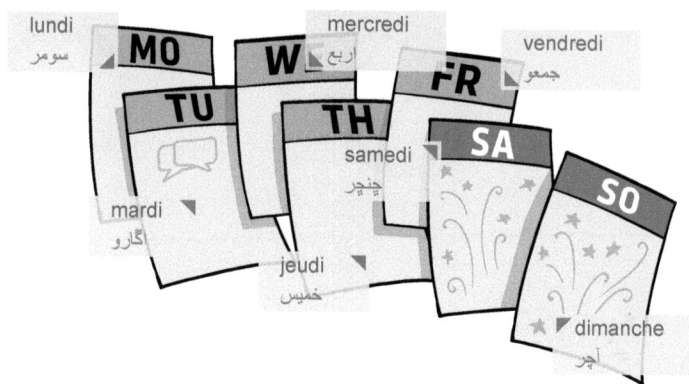

lundi — سومر
mardi — اگارو
mercredi — اربع
jeudi — خميس
samedi — چنچر
vendredi — جمعو
dimanche — آچر

hier

كله

aujourd'hui

اج

demain

سباتي

matin

صبح

midi

منجهند

soir

شام

MO	TU	WE	TH	FR	SA	SU
1	2	3	4	5	6	7
8	9	10	11	12	13	14
15	16	17	18	19	20	21
22	23	24	25	26	27	28
29	30	31	1	2	3	4

jours ouvrables

كاروباري ڏينهن

MO	TU	WE	TH	FR	SA	SU
1	2	3	4	5	6	7
8	9	10	11	12	13	14
15	16	17	18	19	20	21
22	23	24	25	26	27	28
29	30	31	1	2	3	4

week-end

هفتي جو آخر

année

سال

pluie
برسات
arc-en-ciel
انڊلٺ
neige
برف
vent
هوا
printemps
بهار
automne
خزان
été
گرمي جي موسم
hiver
سردي جي موسم

4.APRIL 11°
5.APRIL 4°
6.APRIL 13°
7.APRIL 8°
8.APRIL 10°

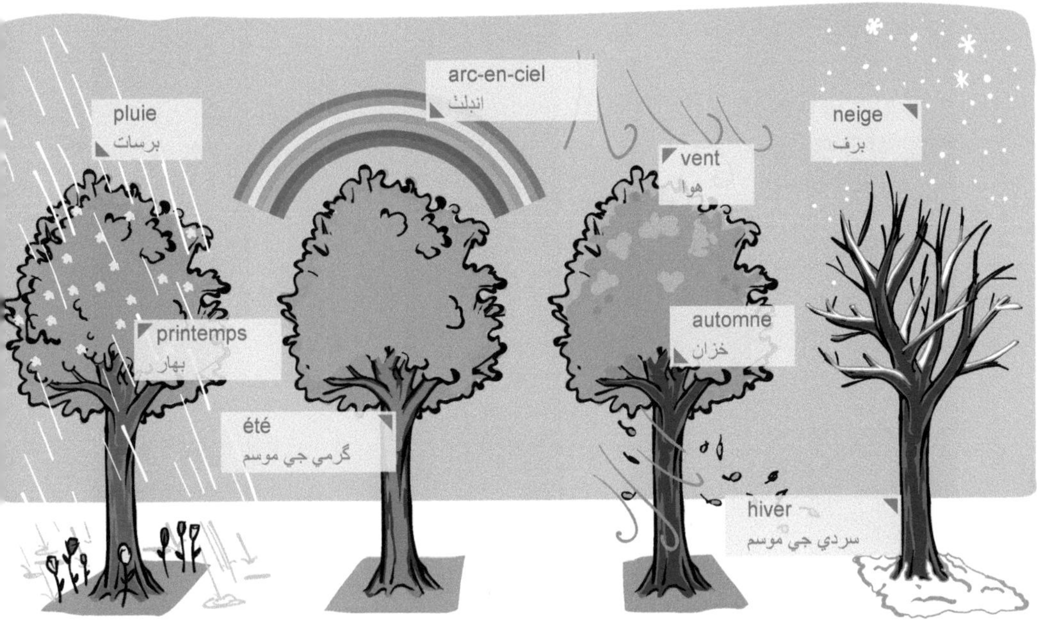

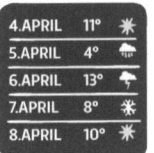

météo

موسم جي پيشنگوهي

F
C
120
90
60
30
0
-30
40
30
20
10
0
-10
-20

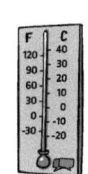

thermomètre

ٿرماميٽر

lumière du soleil

اُس

nuage

بادل

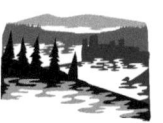

brouillard

ڌنڌ

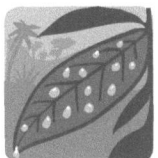

humidité

نمي

foudre

آسماني بجلي

tonnerre

ٹرماميٹر

tempête

طوفان

grêle

گڑن جو مينهن

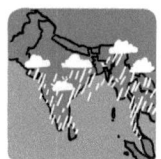

mousson

مون سون

inondation

ٻوڏ

glace

برف

janvier

جنوري

février

فيبروري

mars

مارچ

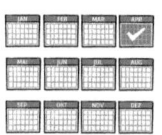

avril

اپريل

mai

مئي

juin

جون

juillet

جولائي

août

آگسٽ

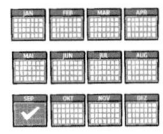

septembre

سپتمبر

octobre

آکتوبر

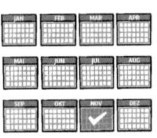

novembre

نومبر

décembre

دسمبر

formes

شکلون

cercle

دائرو

carré

چکور

rectangle

مستطيل

triangle

ت٘کنڊي

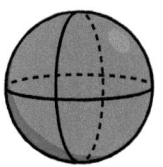

sphère

کره

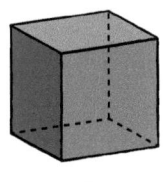

cube

کعب

blanc

اڇو

jaune

پيلو

orange

نارنجي

rose

گلابي

rouge

ڳاڙهو

violet

جامني

bleu

نيرو

vert

سائو

marron

ناسي

gris

پورو

noir

ڪارو

beaucoup / peu

گهڻو / ٿورو

fâché / calme

ناراض / پر سڪون

joli / laid

خوبصورت / بدصورت

début / fin

شروعات / ختم

grand / petit

وڏو / ننڍو

clair / obscure

روشني / اونده

frère / soeur

بهن / ڀاڻي

propre / sale

صاف / خراب

complet / incomplet

مڪمل / نا مڪمل

jour / nuit

ڏينهن / رات

mort / vivant

مرده / زنده

large / étroit

ڊگهو / تنگ

comestible / incomestible

كائن قابل نه هجڻ / كائن جي قابل هجن

méchant / gentil

برو / سٺو

excité / ennuyé

پرجوش / بوريت جوشكار

gros / mince

موٽو / پتلو

premier / dernier

پهريون / آخري

ami / ennemi

دوست / دشمن

plein / vide

پريل / خالي

dur / souple

سخت / نرم

lourd / léger

ڳرو / هلكو

faim / soif

بک / اڃ

malade / sain

بيمار / صحت

illégal / légal

غيرقانون / قانوني

intelligent / stupide

عقلمند / بيوقوف

gauche / droite

سڈو / ابتو

proche / loin

ويجهي / پري

nouveau / usé

نئون / استعمال ٹیل

rien / quelque chose

کجه به نه / کجه

vieux / jeune

پوڑهو / نوجوان

marche / arrêt

آن / آف

ouvert / fermé

کلیل / بند

faible / fort

خاموش / بلند آواز سان

riche / pauvre

امیر / غریب

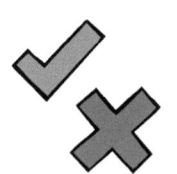

correct / incorrect

صحیح / غلط

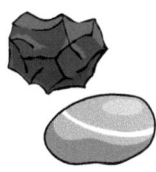

rugueux / lisse

کهورو / لسو

triste / heureux

غمگین / خوش

court / long

مختصر / ڊگهو

lent / rapide

آهسته / تیز

mouillé / sec

آلو / سڪل

chaud / froid

گرم / ٿڌو

guerre / paix

جنگ / امن

0	**1**	**2**
zéro	un / une	deux
زيرو	هک	پ

3	**4**	**5**
trois	quatre	cinq
ٽي	چار	پنځ

6	**7**	**8**
six	sept	huit
چه	ست	اٹ

9	**10**	**11**
neuf	dix	onze
نوَ	ڈه	يارهن

12

douze

بارهن

13

treize

تيرهن

14

quatorze

چوڈهن

15

quinze

پندرهن

16

seize

سورهن

17

dix-sept

سترهن

18

dix-huit

ارژهن

19

dix-neuf

اوڻويه

20

vingt

ويه

100

cent

سو

1.000

mille

هزار

1.000.000

million

ڻه لک

anglais

انگريزي

anglais américain

آمريكي انگريزي

chinois mandarin

چيني ميندارن

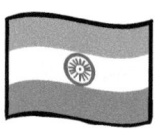

hindi

هندي

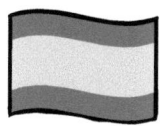

espagnol

اندلسي بولي

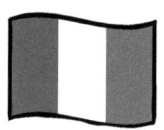

français

فرانسيسي

arabe

عربي

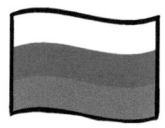

russe

روسي

portugais

پرتگالي

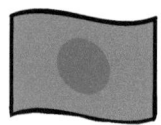

bengali

بنگالي

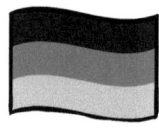

allemand

جرمن

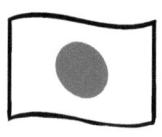

japonais

جاپاني

je

مان

tu

تون

♂ ♀ ○

il / elle / ce, c', cela

هي چوكري/ هي چوكرو / هو

nous

اسان

vous

تون

ils / elles

هو

Qui ?

كير؟

Quoi ?

چا؟

Comment ?

كيئن

Où ?

كٿي؟

Quand ?

كڏنهن؟

HELLO, I AM

nom

نالو

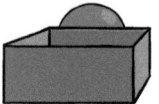

derrière

پويان

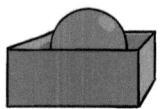

dans

devant

جي سامهون

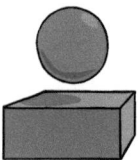

au-dessus

مَتّي

sur

تي

en-dessous

هيٺ

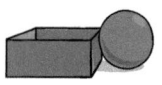

à côté de

گڏ

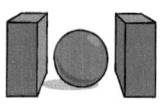

entre

وچ ۾

lieu

جڳھ